님께

항상
건강하시고
행복하세요

강본자

바람에 띄운 그리움

강분자 5시집

그림과책

| 시인의 말 |

    시사문단 낭송회는 달마다 작가들이 올려준 작품을 잘 다듬어진 낭송가들이 한 단어 한 행 연마다 고운 목소리로 날개옷을 입힌다.
    시인들의 작품이 날개옷을 입고 봄을 만나고 푸른 바다를 건너 오대양 육대주를 건너고 가을을 연녹색과 진녹색의 어울림 한바탕 이루어지면 겨울 흰 세상을 만나기도 한다.
    벌써 몇십 년 각자 하는 일이 다 따로 있지만 달마다 모여 낭송회를 빛내주는 발행인, 낭송가들께 다시 한번 감사드린다.

2024년 10월

강분자

차 례

시인의 말 … 5

1부

봄비 … 16
목련 순정 … 17
시인의 그리움 … 18
비 오는 날의 수채화 … 19
동백꽃 연가 … 20
목이 긴 새 … 21
나의 역사 … 22
빨간 공중전화 부스 … 23
너를 위해 … 24
내가 머문 자리 … 25
바람에 띄운 그리움 … 26
커피 사랑 … 27
해 질 무렵 … 28
황혼의 블루스 … 29
내가 부르고 싶은 이름 하나 … 30
낙조 … 31
산다는 거 … 32
아이와 곶감 … 33
허리 묶인 리모컨 … 34

삶이 아름다운 사십 년지기 … 35
당진 친구 … 36
참 좋은 사람 … 37
든든한 지킴이 … 38
사위와 딸 … 39
유주희 한국 무용 교실 1 … 40
유주희 한국 무용 교실 2 … 41

2부

효성 문화 센터 … 44
문화 센터 가는 길 … 45
우리 집 … 46
우리 집 막내딸 … 47
메밀 막국수 … 48
덩굴장미 … 49
새연교의 파도 … 50
시인의 바다 … 51
이별 이야기 … 52
야생화 순정 … 53
둘레길 … 54
장마 … 55
너도 나처럼 … 56
연습 없는 인생 … 57
지구가 불타오른다 … 58
고독한 여인 … 59
그냥 그렇게 사는 거지 … 60
홀로 아리랑 … 61
강분자 예찬 … 62
나도 여자인가 봐 … 63

병원 … 64
지울 수 없는 흔적 … 65
우리 동네 약국 … 66
복시 … 67
한의원 … 68
한의원 선생님 … 69

3부

또다시 너에게로 … 72

여인의 강 … 73

가을비 … 74

나그넷길 … 75

노인 무료 전철권 … 76

너무 이쁜 강산 … 77

행복한 고모 … 78

안부 … 79

또 하나의 아픈 손가락 … 80

우리 어머니 … 81

까치가 울면 … 82

그대의 침묵 … 83

가을바람 … 84

만추의 햇살을 가슴으로 품는다 … 85

친구여 … 86

선거 철새 … 87

부산 갈매기 … 88

어머니 … 89

남편 … 90

소나무 … 91

시장 사람들 … 92
절연된 절필 … 93
지금 나는 … 94
두 번을 사는 인생 … 95

4부

첫눈 내리는 날 … 98
무용하는 여인 … 99
민화 반 … 100
연민 … 101
망각 … 102
겨울비 … 103
내가 말이야 … 104
새만금 다리에서 … 105
겨울 그 길목에서 … 106
작은 희망 … 107
눈꽃 되어 … 108
세월아 … 109
아버지 … 110
어머니의 일생 … 111
콩나물 장조림 … 112
추어탕 … 113
소금 대란 … 114
잠시 쉬어 가련다 … 115
간장게장 … 116
경자의 갱년기 … 117

삐그덕 … 118
아버지의 세상 … 119
고구마와 동치미 … 120
꿈 이야기 … 121
서귀포 유람선 … 122
제주도 하늘 … 123
어머니를 보내드린 날 … 124
오라버니 잘 가세요 … 125
제주도를 다녀오고 … 126

1부

그리운 임의 손끝에서

툭 던져 버린

어느 임의 떠나는 길목에서

춤사위는 구름 위를 노닐고

치마 속 발디딤은 바람을 타고

영영 가버릴 것인데

봄비

먼 산 자욱이
안개비를 몰고 오더니

흙먼지 날리고 메마른 길은
목마른 갈증을 해소한다

인적이 드문 호젓한 길섶
작은 꽃들이

훈향薰香 한 움큼 머금고
빗방울 한 입 머금고

작은 옹알이를 시작한다

목련 순정

버선발로 먼저 와
고운 자태 머물세라

우아한 그 품위
함박눈처럼 소담히도
마음껏 멋을 부리더니

시샘하는 꽃샘추위에
구구절절 맺은 사연을

삭풍으로 떨구고 가버린
터져버린 속내를

시인의 그리움

여울목 어귀에서
추스르지 못한 발길
그대의 성역으로 침범하고

젊은 그 시절 애틋하고
너무도 간절했던
구멍이 난 주머니에서
자꾸 빠져만 나가도

떠나버린 그 사랑을
빨래집게로
꼭꼭 집어 널어놓고
멍울진 작은 애틋함이
그리움이었다는 것을

그땐 몰랐었다

비 오는 날의 수채화

누가 내게
싫은 소리 한 적 없는데
괜히 코끝이 시려오는 날

알알이 떨어지는
빗방울 바라보면
물비늘이 코끝을 자극하고

고즈넉한 작은 찻집의
풍경 소리 따라
진한 향의 커피잔에
마음을 파고들 듯
가슴이 먹먹해져

시나브로 깊어져 가는
비가 내리는 길목
그리움 하나 엉겨오는데

동백꽃 연가

그렇게 애쓰지 않아도
봄은 오는데
겨울을 견뎌내며
백 년 향기 영롱한
눈물 같은 이슬비 맺던 날

칼날 같은 바람에
기다리는 마음
애간장이 다 녹았는데

반짝이던 물비누에
봉오리 꺾인 빨간 애처로움
낙화落花에
흙에 나뒹굴며
한풀이라도 하는 건가

봄은 저만치 왔는데

목이 긴 새

봄이면 벚꽃 천지였던
아라뱃길로 향하던
굴포천 가에
목이 긴 새 한 마리

긴 목을 있는 대로 빼고
굴포천 가에
흐드러진 꽃잎을 보기도
구름이 가득한 하늘을 보기도

오고 가는 사람들
포토샵이 되고도
묵묵히 자릴 떠날 줄 모른다

누굴 기다리는 건지

나의 역사

쓰다 보니 눈물이요
엮다 보니 역사요

이렇게 쓰고 읽는 것이
내 인생의 흔적이고
증거이려니

아픔을 참고
고통을 승화시켜 가며
써 내려간 내 인생
5권의 시집이

나의 역사가 되고 있다

빨간 공중전화 부스

오래된 공중전화 부스가
아파트 단지 내
자리를 잡고 있다

지금이야
폰이 흔하지만
처음 서울 상경해서
부모님께 안부 전화하려고
동전을 바꿔서
줄을 서서 기다리던 때

첫사랑 번호를 꼭꼭 감춰 둔
그때
내 가슴은 늘 뛰고 있었지

너를 위해

너의 모든 것에
내 이름이 존재하고

부질없었던 나의 삶에
달무리 지듯 기울기만 하고
발이 푹푹 빠지는 흙탕 길엔
뒷걸음질만쳐도

단 한순간이라도
내 가슴에 꽃잎이 짓이겨지는
이 순간에도
너를 위해
꺼져가는 혼불이라도
네가 존재한다는 것을

내가 머문 자리

새털처럼 수많은 날
스치고 지나가는 시간 속에
그나마
기억 저편 남아 있는
조그마한 추억의 한 조각들

바람에 날릴까
소심한 조바심에
조각난 흔적들을 쓸어보며
그 자리를 떠나질 못한다

나를 알고 있다면
붙잡고 싶었다

언뜻 지나가는 바람일지라도

바람에 띄운 그리움

한 줌 바람에
살랑이며 흩날리는 감성에

봉긋한 앞가슴 여미며
임의 소식 나뭇가지에 걸어 둔다

속속히 안고 있는
풀지 못한 그리움을 터트리며

각양각색으로 토해 내보는
혼자만의 가슴앓이

오고 가는 사람
머리 위에 그리움이고 싶어라

커피 사랑

얼음 가득 채운 커피잔에
스멀스멀 밀려오는
세상에 없는 달콤한 사랑으로
살살 녹여 본다

알면 쓰고
몰랐어도 썼을
그 사랑에
첫 키스처럼 달콤함을
스푼 가득 담아 녹이고

얼음 가득 채워
진한 입술로 녹아내릴
키스를 퍼부을 것이다

해 질 무렵

뉘엿뉘엿 해 질 무렵
나의 긴 그림자 쉬어가자
내 손잡으며 재촉할 즈음

그리움과 사랑이
쏟아내고 늘 부러져 있다가
가로등마저 휘청일 때

하얀 꽃눈으로 덮을 즈음
그리움의 소나타처럼

바람이 비가 되고
붉은 노을은
꽃비 되어 흐르더라

황혼의 블루스

시도 때도 없이
가슴 한쪽 편이 욱신거리고
돌덩이 하나 껴안은
마음은 천근만근이건만

하얘진 머리 염색하기에 바쁘고
얼굴 가득 늘어난 잔설殘雪은
곱게 화장하고
되돌릴 수 없는
젊은 한때를
소환해서

붉은 그 가슴에
각인이라도 시켜 볼 거다

내가 부르고 싶은 이름 하나

허공에 던져버린 마음
손끝 하나 닿기 어렵고

밀폐를 모르니
입구는 찾을 수가 없어
또 하루가 저무는 날

푸른 하늘 허공으로
바람을 타고 가버린

그 이름 하나 부를 수 있을까

낙조

화산이 폭발해
용암처럼 흘러내릴 듯
주체할 수 없도록
피 끓는
젊은 한때도 있었건만

오래도록 빛날 수 있는
세상을 태워버릴 낙조가
썰물로 밀려가 버린 모랫바닥에

혼자인 내 그림자를
길게도 잡고 늘어진다

산다는 거

마음 맞는 사람끼리
편히 소풍을 가듯
그런 인생이었으면

살다 보면 좋은 일만
있을 순 없지만
서로 사랑하고 이해했으면

긴 인생 여행 중
나이 들면 추억을
먹고 산다지만

허덕이는 군상群像들
옳고 그름을 따지지 말고
세상만사 흐르는 대로
그리 살았으면

아이와 곶감

우리 땐
우는 아이
곶감 주며 달랬다는데

귀한 아기 보고자
유모차 들여다보면
조그마한 아이가
핸드폰에
눈이 빠져 있다

어린아이 젊은이
남녀노소 가릴 거 없이
폰에 빠진 이 일을
어떡해

허리 묶인 리모컨

언젠가부터
우리 집 리모컨이
허리가 묶여 있다

분명
제자리에 잘 두었는데
매일
찾느라 난리를 치니

아들이
걱정스러운
엄니를 위해
묶어놨다

삶이 아름다운 사십 년지기

요즘 시대에 잘 지내다가도
돌아서면 원수네 악수네 하고
사회 친구들은
속까지 내보일 필요 없다 한다

다 같이 없고 부족한 시절
만나서 그런지
애틋하고 가족 같은 나의 벗

집안 내력을 다 알다 보니
나이 들어가니
서로가 말은 하지 않아도 소중하고
서로의 건강을 챙기고 있다

당진 친구

통이 크고 손이 커서
잘 퍼주고 오고 가는 손님
반찬 하나라도
덤이고 인정이라는
당진 여자

지역 신문에 잘 퍼준다는
식당 주인 이야기가
대문짝만하게 나왔을 때

온갖 고생 앞치마로
다 담아내던 주마등처럼 스친
모질고도 질긴
힘들었던 친구의 이야기에
박수를 보낸다

참 좋은 사람

차가 필요한 직업인데
무거운 가방 들고
힘든 내색 없이
예쁜 미소 짓는 사람

나이 어려도 성실하고
가족을 위해 열심히 살고 있다는 거
눈에 보이는 사람

엄마 같은 마음으로 보면
여린 사람이
한 남자의 아내여서
자식을 둔 엄마이고
모든 것이 기특해서

더 이쁜 사람

든든한 지킴이

눈이 나빠진 뒤로
당 검사 몇 나왔냐
밥은 드셨나
운동은 하셨냐
귀찮게 관리하는 아들

나이를 먹어 독립하지 않아
닦달하였건만
하나하나 생각해 주는
그 마음 짜증은 냈지만

어미 생각하는 마음
고마운 아들 마음

사위와 딸

어린 자식 걸음마 시키듯
조바심 나는 심정으로
적은 나이가 아니지만
세상 밖으로 내보냈다

말없이 바라보았다만
늘 근심이고 조바심 났지만
맛있는 거 같이 먹어 주고
서로 함께하려고 노력한단다

이번엔 어땠어요
다음번엔 어떻게 할 거예요
또 다음에 더 잘할 거라는
마음으로 왠지 모를
듬직하게 바라본다

유주희 한국 무용 교실 1
—승무

얼굴 덮은 하얀 고깔 모에
온몸을 휘감은 하얀색의 장삼
여인의 손짓

남색 치마 끝자락에 어느 뉘가
붙잡아 늘어지는 건지
더딘 발걸음은
천리만리千里萬里를 가자 한다

흥에 겨운 놀이마당이
어우러지고 뒷발 땅에 닿아 디디고
치맛도리 잡아채 올린 작은 몸짓

가슴속 아래서 퍼 올린 그 장단을
바람에 실어
장삼 자락에 다 담아

여인의 한을 풀어본다

유주희 한국 무용 교실 2
－살풀이춤

살포시 잡은 치맛자락 기품으로
살풀이 수건
선 하나하나

그리운 임의 손끝에서
툭 던져 버린
어느 임의 떠나는 길목에서
춤사위는 구름 위를 노닐고
치마 속 발디딤은 바람을 타고
영영 가버릴 것인데

가네 못 가네
보내는 이
가는 이
실랑이가 길어지는 살풀이 수건

가는 임의 발길이
살풀이 수건 길이만큼
더 더디기만 하는구나

2부

눈이 오면

동화 속의 아름다운 이야기가

비가 오면

첫사랑을 떠올리며 센티해지기도

효성 문화 센터

계양구 효성동에 우뚝 서서
노인들의 중심이 되는
문화 센터가 있다

노인의 일자리 제공과
취미 활동을 할 수 있는
문화 센터이다

오인미 센터장 중심으로
각계 이름 있는 강사와
전문적인 선생님의
약 40개의 문화가 이어지고 있다

이루지 못한 어릴 적 민화도 한국 무용도
지금 이 나이에 배울 수 있으니
세상을 다시 사나보다

문화 센터 가는 길

비가 오나 눈이 오나
즐거운 이 길엔
계절마다 변화가 다양한 길

꽃이 피면 꽃 속을
단풍이 들면 오만 갖가지
색을 만들어 낸다

눈이 오면
동화 속의 아름다운 이야기가
비가 오면
첫사랑을 떠올리며 센티해지기도

한국 무용을 하고 민화도 하고
문화 센터 가는 길은
나의 행복한 길이다

우리 집

올라가면 우리 집인데
올려다보면 닭장이다
이사 온 지 수십 년이 지난
오래된 아파트다

주변 아파트보단 주차장이 넓고
단지 내 나무가 많아
계절마다 꽃들이 만발해서
주변 유명세를 치른다

집값이 하늘 높은지 모른다
그렇지만 돈 없어 이사 못 간단
소린 절대 못 해
여기가 좋다
조용하고 사람 냄새 나는 동네라고
변명 좋은 자랑질이다

우리 집 막내딸
-키키

강아지를 좋아하는 우리 가족들은
강아지와 늘 함께 살고 있다

말이 많아지고
일이 많아진다
게으른 내가 부지런해진다

나도 못 다니는 산행을
남편과 함께 산에 다닌다

무뚝뚝한 아들을
수다쟁이로 만들고
가족의 귀여움을 독차지한다
암컷의 애교는 꼬리에
무한 모터를 달고 있다

메밀 막국수

육수를 머금은
돌돌 말린 막국수가
온갖 고명으로
먹음직스럽게 치장으로
입맛을 자극한다

새콤달콤한 무절임이
김을 안고 깨들이 천지인 길을
무아지경 휘감아 돌아
누구도 대신할 수 없는
황홀한 댄스가 시작된다

나의 입안에서

덩굴장미

초등학교
짙은 녹색 철 담벼락에

올해도 풍성하게
붉은색의 요염으로
피어올라 가며

가시가 달린 채
염치도 없이
오고 가는 길손을 유혹한다

어린아이 남녀노소
함성 지르고
올려다보고
사진 찍고

새연교의 파도

갈매기 소리 하늘 높은
무인도 배경을 놓칠세라
새연교 다리에 관광객을
그렇게 줄을 세우고

무서운 물속
속내를 다 드러낸 것이
내심 속상한 것이라도 한 건지

하얀 거품 물고
뭍에 닿지 못해
파래 낀 바위에 미끄러짐도
뿔뿔이 흩어져버린 것도
쑥스러움은 항구에
묶여 있는 어선들의 몫일까

*제주도 여행 중에

시인의 바다

젊은 그 시절 추억도 사랑도
남몰래 심어놓고
썰물에 쓸려 갔나

나팔고동 하나
밀물에 밀려와 어디에서
뉘 옆에 자리하고 있을까

사랑도 추억도
작은 내 손가락 사이사이
빠져 흘러가 버릴
거센 풍랑 같은 기억들

이별 이야기

흩어지는 마음 하나
잡지 못했기에

우연에서
필연적이라
억지도 써 보건만

아픈 마음 움켜쥐며
인연因緣을
속절없이 보내고
가슴을 친들

지병으로 약에 찌들어
속이 쓰린 거라
위안도 해본다

야생화 순정

어젯밤 비바람에
다 쓸어버린 귀퉁이에
작은 풀꽃 한 송이

뭉클해진 마음으로
인사를 건넨다
어찌 견뎌 냈을까

청순하게 가녀린
작은 몸으로 하늘거린다

살아남았다는
몸부림으로

둘레길

자분자분
여름비가 내리는 날
우산을 쓰고 올레 7코스를

낙화한 동백길 배경에
온갖 폼을 잡아
걷는 곳마다 포토 존이다

눈앞에 펼쳐진
유람선을 타고 돌던 곳
풍광이 환상이고
바다가 좋고 사람이 좋은

웃음소리 만발하여
13명의 소풍 길은
우리는 나이는 상관없었다

장마

앞산 꼭대기가
보이지 않을 정도 비안개가
온종일 막 퍼붓는다

천둥번개 동반하여
지구가 폭발하기 직전일까

전국 물난리에 땅을 치고
차도가 끊게 되고
산사태에 가슴을 치며
많은 사람들의 통곡 소리

줄기차게 내리는 빗방울이
우리 집 베란다 굵은 유리창을
부숴 버리기 직전이다

너도 나처럼

한때
예고 없이 내리는 소낙비에
젖은 옷이 마르기 전
그래도 그땐
웃을 일이 있었다는 것을

길을 가다
미끄러져 엉덩방아 찧던 그날도
일어나라 손잡아 주었을
내 옆에 네가 있었다는 것을

지금 반백斑白이 넘어선
이 순간도

너도 나처럼
비가 내리는 오늘 같은 날도
내 생각을 하고 있을까

연습 없는 인생

우리가 인생을 살아가는데
연습이라도 해봤으면

세파에 시달리다
슬픈 일은 피해 보고
즐거운 일은
배로 부풀려 살아볼걸

악몽 같은 궂은일은 피하고
세상 신호등 잘 지키고

누구 못지않게
후회하지 않을 삶을 살고
있었을까

지구가 불타오른다

지구를 태운다
온 나라를 태운다
가뜩이나 땀 많은
한여름의 날들

그래도 없는 사람
살기 좋다는
여름은 옛말

봄가을은 없어진 듯하니
안타까울 뿐이고

갈수록 변화되는 지구
전 세계가 기상 변화에 난리다

고독한 여인

아주 힘이 들어서
언제나 편안하게
기댈 어깨를 내주는
너를 붙잡고 싶어

세상 지친 하늘 눈썹달
그렇게 걸어 두었나

계절의 꽃이 만발하여
부는 바람 따라
세상 온 천지가
향기로 진동해도

이 넓은 세상
한이 서려 있는 길
기다림의 끝은 없는 건가 봐

그냥 그렇게 사는 거지

우리가 살면서
스트레스 안 받고 살 수 있을까
앞을 보면 화가 나고
뒤돌아보면 한숨이고
그래도
사람인지라
참고 또 참으면서 살 뿐이다

나를 보며 사람들은
참 즐겁게 어찌 그리 살 수 있냐고 그런다
난들 왜 속이 없겠느냐
이래도 허
저래도 허 실실
그냥 그렇게
사는 거지

홀로 아리랑

사업하시던 부모님 아래
부족함 없이 유년 시절 보냈건만
아버지의 사업 실패로 온갖 고생은
다 내 것인 양 그렇게 살았다

젊은 청상이 된 엄마 어린 동생들
도피하고 싶은 안식처를 찾아온 것이
결혼이었다 죽을 둥 살 둥
살아온 숱한 시절 내 것을 찾지 못해
바람같이 살았건만

죽음의 고통도 섣부른 오기도
버티고 버텼는데
반백의 문 앞에서
흰머리 허리 굽은 나이 먹은
내가 지금 여기 서 있다

강분자 예찬

내 나이 반백을 넘고
하루가 한 달이 1년이 왜 이렇게
빨리 가는지
정신을 차릴 수가 없다

머리카락이 힘이 없고
얼굴 주름이 늘어나고
옆에서 얘기하면 나도 모르게
귀를 곤두세운다

허리가 아프고 무릎이 아프다
계절의 순환循環을

몸서리치게 느끼며

나도 여자인가 봐

중년을 넘어버린 나이가
노년을 향해 달려가고 있다

눈뜨면 약을 먹어야 하고
살기 위해 운동을 해야 하고

앉았다 일어서려면
아이구를 달고 있고
머리는 염색하고
화장으로 주름을 가린다 해도

꽃이 피고 단풍 들고
눈이 내리는 아름다운 계절에

콩닥거리는 가슴은
어찌 감출 수가 있을까

병원

날마다 달마다
병원 순례를 돌 듯
찾아다닌다
몸이 아파 가기도
마음이 아파 가기도

한 번이라도 안 가면
큰일이 날 것 같은
괜한 조바심이지만

원장 선생님
간호 선생님이
환하게 웃어주며
반겨 주는 예쁜 미소에
발걸음이 가볍다

지울 수 없는 흔적

언제부터인가
예정된
시간 안에 존재한다는
그 사실에

안 먹음 안 될
약봉지를 들고
그림자 하나라도
박제가 되고

갈고리에 걸린 듯한
내 목숨을 저당 잡힌
그곳에
흔적을 지우지 못하고 있다

*병원 진료 대기실에서

우리 동네 약국

효성동으로 이사 온 지 27년
편히 들락거리는 곳
병원 갔다 약 타러 가고
오고 가는 사람 사연 없고
각가지 병명 없는 사람 없겠지만

비가 오면 잠시 피해 가고
바람이 불면
이래저래 편안히 들러
동네 사랑방 같아
앉았다 오는 곳

실없는 농담에
오늘도 안부를 물어본다

복시

세상만사 듣지도 못한
눈으로 오는 복시가 찾아왔다
만성 스트레스와
피로가 겹쳐 보이는
일시적인 병이란다

모든 사물이 겹쳐 두 개로 보인다
머리가 아프고 어지럽다

눈앞이 깜깜한 터널이었건만
점점 좋아지는 눈
다신 겪고 싶지 않은
악몽 같은 시간이었다

한의원

간호 선생님의 안내로
구석진 자리에
꼭 끌려간 거 같은 기분
아직도
그때 처음 침 맞을 때의
무서움을 잊지 못해
트라우마로 남아있는데

갑자기 나빠진 눈 때문에
다시 찾은 한의원
원장 선생님
간호 선생님 다정하신 안내에
침에 대한 무서움도
물리쳤나 봐

한의원 선생님

선생님의
조용하고 차분한 목소리
침에 대한 두려움에
아직도 무서운데
세상을 제대로 볼 수 있을까 하는
염려되는 마음을 잊게 해 주신다

질문 하나하나에
아픈 곳 콕콕 짚어 내니
세상에
그렇게도 눈동자가 움직이지 않아
공포에 떨었던
수많은 날이었건만
눈동자가 제 자리를 찾아왔다
금방이라도 완쾌될 것 같다

3부

꼬부라진 느린 몸

더딘 발걸음

긴 그림자 따라올 적

물길을 잃고 헤맨다

또다시 너에게로

해마다 반복되는 계절이기에
늘 새롭고 아름답지만

살에 닿는 바람이 차가울 적
언젠가 길을 잃어 헤맬 적

짙은 색에 나뭇잎들이
바삭거리며 부서져
발밑에서 사라져 가고

가을 끝자락에 노을 짙은
산등성이에서
가는 길을 잃어버려 허둥거릴 때
너에게로 또다시 돌아
올 수 있을까

여인의 강

기러기 구름 앞세워
어느 강으로 가려는지

저 바람은
노년의 늙은 한때를
어느 산을 넘어가려는지

꼬부라진 느린 몸
더딘 발걸음
긴 그림자 따라올 적
물길을 잃고 헤맨다

나는 어디로 흘러가는지

가을비

전국을 뒤흔들며 태풍이
지나간 지 얼마나 된다고
빗소리에 소스라치게 놀라지만

촉촉이 대지를 적셔주니
늘 급하고 조급했던
마음이 차분해진다

혼자서도 지친 기색 없이
예쁘게도 물들어 버린
단풍잎은 젖어 있고

추적추적 가을비
이 비 내리고 나면
더 추워지겠지

나그넷길

초승달 벗 삼아
끔벅끔벅 졸고 있는

작은 별도 깨워 벗을 삼은
길 떠나는 나그넷 발길

바람도 구름도
더딘 발걸음

초가삼간 지붕 위로
걸터앉은 늙은 호박의 이야기가

나그네 발길을 잡아
긴 밤 새우는지 모르겠구나

노인 무료 전철권

노인이라는
말을 들으면 기분이 별로였다
난 나이를 안 먹는다
생각했거든

허리 무릎 아프지 않은 곳 없지만
그래도
어르신은 아니라고 했다

요즘 눈이 안 좋아 고생해도
앞으로 어떻게 하지
그래도 아니지 했다

동사무소에서
노인 무료 전철권을 받아 든 순간
그래도 이건 아니야

너무 이쁜 강산

내게 너무 귀한 조카
친정집 장손
어릴 때 내 곁으로 와서
학교 잘 나오고
군대도 다녀오고

서른이라고
걱정하지 말라고
멀리서 장사하는 부모님 대신에
걱정하는 고모를 다독이던
든든한 아픈 손가락 같은 조카

취직 생활 열심히 하면서
바쁜 틈 타 고모 맛있는 거 사 준단다
안 먹어도 좋고
쳐다만 봐도 배부른 자식

행복한 고모

눈을 감아도
눈을 떠 있어도
무엇을 하든
가슴안을 막 파고드는
사랑해요
고모 사랑하는 거 알죠
막둥이 동생 예쁜 새끼들

귀에 쟁쟁
입꼬리는 저절로 올라가고
눈을 어디에 두든
날마다 예쁜 얼굴
예쁜 미소가
고모는 하루가 행복하단다

안부

세종시로
이사 간 동생이 전화가 왔다
잘 지내시냐고
반갑기도 하고
오랜만에 통화
서로 안부를 물어보고
열심히 살고 있는 동생 부부다

옛날에 어렵게들 살아서 그런지
더 애틋한 동생들이라
조카도 눈에 넣어도 안 아플
이쁜 새끼다

그저 무탈하고 건강하게
잘 살아 주기를 바랄 뿐이다

또 하나의 아픈 손가락

무엇을 해주고 싶은데
무엇을 해줄까
마음은 가득한데

잘살고 있다고 해도
자나 깨나 걱정인 아픈 손가락
주고 또 주고 싶은 마음

가진 거 부족해
다 거두지 못해
포항 하늘만 향해
빌고 또 빈다
건강하고 행복하게 지내렴

우리 어머니

계화도 하리를 지나
갯벌로 향해

조개 잡는 망태기 등에 메고
그렛대 허리에 끼고
계화도 갯벌을 누비시던
우리 어머니

아비 없는 자식들 먹여 살리시며
우리 곁에 천년만년
살아 계실 줄 알았는데

내 나이 반백에 사무치게
그리운 우리 어머니

까치가 울면

유난히 가슴이 뛰는 날
베란다 창 너머
깊은 긴 울음소리 남긴 새 한 마리

하늘은 푸른색에 하얀 구름 남기고
나이를 먹어 늙은이 마음은
염치도 없이 구름 위를 날았다

전국 각지 흩어져 사는
자식들 보고 싶어
나는 죽어 새가 되련다는

어머니 말씀

그대의 침묵

손 내밀면 손끝에 닿을 듯해도
저만치 가버려
뒤돌아서 가려면
언제나 뒤 든든한 그 모습

묵묵히 태산처럼
전생에 억겁의 인연이 있었나

살다가 문득
뒤돌아보면
가슴 시린 날도
고뇌의 삶을 지킨
달관의 침묵을

가을바람

가을은 눈앞 내 발등에
그림자를 드리우고

태풍 번개 장마가 사람 잡을 듯이
염치도 없이
피도 눈물도 없이
그렇게 휘몰아쳐 놓고

언제 그랬냐는 듯이
살짝 비켜선 자리마다
불혹의 나이에도 농부의 손끝에
온갖 곡식 잘도 익히고 물들인다

그래서
바람은 잠깐 비켜 서 있나 봐

만추의 햇살을 가슴으로 품는다

팔레트판에
아주 진한 물감을
짜놓은 것처럼

유리창에 비친
햇살이 눈이 부시다

가벼운 옷차림으로
외출 준비를 하였건만

앞섶을 움켜쥐게 만드는
시월의 변덕스러운 바람에

깜박 속아버려도
그래도 좋다

친구여

퇴색된 낙엽 하나
가는 길 막아 나뒹굴 때

나이 먹어 갈 길 잃어버린
내 모습을 보는 듯

모자로 가리고
화장으로 덮고
이쁜 옷으로 치장해도

굽어진 허리
절고 있는 다리
어쩔 수가 없구나

선거 철새

국민들이 사람인데
보는 눈이 있고 몸소 겪고
인격을 품고
사리 판단을 할 줄 안다

몸소 담았던 둥지 떠나
심판의 날에
완전히 깨지는 모습 하곤

가만히 있음
어른 대우나 받지
어찌 살꼬

쪽 팔려서

부산 갈매기

갈매기가 푸른 바다
더 높이 나르고
오륙도가 앞에 보이고
태종대가 어우러진
산세가 울창하고 사방팔방 바다다

어릴 적 선착장에 나가면
물속 작은 물고기들이
무지개처럼 날아다니듯 몰려다녔다

지금은 무자비로 들어선 횟집
바다로 방출한 오염
눈살을 찌푸리게 한다
아름답던 내 고향은
어디로 갔는지

어머니

사위를 본 장모이고
며느리 볼 나이이지만
어머니는 가슴 저리는 그리움이다

내게 남겨진 많은 동생
원망도 하고
가슴이 아픈 말도 서슴지 않던
철없던 그 시절이
어머니 가슴을 후벼 파놓고

아이 소리 새소리 유난히 이쁜
내 나이가 노년에
몸뚱이 이곳저곳 고장이 잦지만

만날 수도 그 품을 느낄 수 없는
지금 이 순간이 땅을 치고 통곡할 뿐이다

남편

나이 맞지 않게 덮어버린 흰머리
얼마나 오래 살려는지
죽사사자 운동해도
희어 있는 머리
굽어 있는 어깨

오랜 세월
하고 싶은 말 찾아
작은 가슴 다 후벼팠는데
자기 맘대로 하고 싶은 대로
살아온 그 인생에

나는 골수에 한이 맺힌다

소나무

뜨거운 입김 염치도 없이
뿜어져 나오는
구월 어느 한낮

아직도 찾지 못한 사랑에
매미의 발악 소리가
살짝이 불어주는 바람
사잇길 따라 요란하다

하늘에 인사를 크게 하는
키가 큰 소나무
구름 맞잡으려 긴팔 벌리고 있다

사계절 푸른 옷을 입고
한자리 굳건히 지키는
어느 임의 소신이런가

시장 사람들

동트는 새벽에
시장 문이 하나씩 열린다
상인의 돈은 개도 안 물어 간다는
속이 썩어 문드러져 있단다

각기 다른 사연을 안고
삶의 터전에서 많은 사람 상대로
쓰러져도 오뚝이처럼 일어선단다
생사가 달려 있으니

상인은 많은 사람을 상대해야 하니
거칠어지고 목소리가 굵어진
삶의 애환이 시장에 소진하며
새벽을 열고 별을 보고
그렇게 살아간단다

절연된 절필

시작이 반이라 했던가
눈이 가고 손이 가면
금방 한 편이 쉬웠건만

머리로
눈으로
마음으로
모두 절연시킨다

세탁기 돌리듯
돌리고 짜내도
도무지 글이 생산되지 않는다

괜히
나이 탓을 해본다

지금 나는

글이 눈에 들어오지 않는다
머리엔 온통 잡생각뿐

구름은 천리요
첫발 걸음도 뗄 수가 없으니

계절은 개화와 만 개의
아름다움에 취해 있는데

비가 오고 천둥이 치고 있어
소리도 꽃의 향기도 느낄 수가 없다

넋을 놓고 사는구나

두 번을 사는 인생

즐거운 일보다
험난한 일이 더 많았을 적
나의 인생길을 돌아보며
어찌 살았을까
눈물겨운 지난날들을 돌이켜보면
결박당한 옥죄버린 내 삶에
너무 힘들었을 적엔
그만 다 포기하고 싶기도 했다

천성이 게을러서 그럴까
웃으며 넘기고
속으로 삼킨 수십 년의 세월

어차피
인생은
구름이고
바람인 것을

4부

살짝 휘날리듯 내리는 비마저 정겨운
계양구 새별 소리 웃음소리는
제주도까지 가서 시끄러워도 좋고
오늘은
얼굴 주름 하나 더 늘어나도 좋을
제주도 하늘을 들었다 놨다

첫눈 내리는 날

한국 무용 수업 중
하얀 눈이
창밖 세상을 수를 놓는다

수업 시간 요란한 탄성이 지른다
눈은 나이를 먹은 여자들의 마음을
소녀로 아이로 만든다

밖으로 나가자는
귀여운 언니들의
여린 소녀들과 함께하는
오늘 같은 날은
눈이 내려도

내 인생은 참으로 포근하다

무용하는 여인

나만의 몸짓과 손짓
오래된 숙달된 춤사위

품위는 절제된 가락에
미와 음악이 동조해

작은 여인의 어울림이
기풍 있는 품격으로

잔잔하게 온몸으로 녹아
풍겨 나온다

민화 반

점잖으시고 조용하고
고상하게 차분하고

한 분 한 분
수업 시간의 자리에서
온갖 내공이 뿜어져 낸다

건들거리는 나의 성격마저
다소곳이 얌전해진다

아름다운 색채의 미학을
만들어내는 정숙한 시간마저
내겐
소중한 이 순간을 놓칠 수가 없다

연민(憐憫)

머리에 서리 내려앉아도
잠가 버린 마음의 빗장을
허물 수 있겠다고 생각했지만

살아 있는 영혼의
사랑을 가르쳐준 그대
그리움을 치장(治粧)해도

단 하나의 그리움에
얼마 남지 않은 생명줄을 매고도
내 안에서 머물게 하고 싶은
애달픈
그런 사람아

망각

혹시
진짜로 잊어버리고 싶은
기억 때문인지
그 늪으로 빠져
헤매기 싫어서인지

잔영을 지우려 할수록
망각으로 빠져드는
여물지 못한 나의 정신세계가
환영처럼 엮이며

뼈 깎이는 아픈 기억들은
황홀하리만큼 잊어버렸나
자꾸만
신기루 속에 빠져든다

겨울비

그대 보내고
돌아가는 길

마음을 바칠
우산도 없는데
비는 나를 적시며

젖은 내 바짓가랑이
붙잡고 늘어지고

이 비
가는 그대 발길
적시는 눈물이었다는 것을

내가 말이야

세상천지
나는 못 할 게 없다고
자신만만하고 오만했어도

한번 시작하면
가는 길이 서툴고 힘들어도
다른 길은 몰랐었다

한번 사람을 믿으면
나를 배신하기 전
내가 돌아서는 일은
절대 없었다

새만금 다리에서

답답하게 갇힌 것 같아
납골당이 싫다 하셔서

전국으로 흩어져 사는
자식들 만나러 다녀야 하니
새가 되겠다 하신
우리 어머니

부는 바람에 푸른 물결을 타고
너무 그리워 가슴을 태운
부모님 보고 싶어
오늘은 내가 새만금 다리에 섰다

겨울 그 길목에서

너의 술잔에 내 눈물 넘치게 하고
내 가슴에 네 마음을 담아본다

운명 같은 사랑에
세월을 잔에 담고 보니
그대의 향기는 더욱더 진하고

혼자 속앓이했던 시간도
술잔을 왜 드는지 이유를 몰랐던

눈이 시린 그리운 가을
불필요했던 욕망과 불신을
다 마시려 한다

작은 희망

기구한 내 삶에
팔자 탓을 하고 살아왔지만

질긴 운명에
꼬리를 잘라 버리고 싶다

내 인생에
가장 행복했던
아주 작은 기억으로

내 심장은 바닥에
높고 깊은 계곡을
나뒹굴었어도
그래도
희망 하나 심어본다

눈꽃 되어

무작정 기다림에 지친
붉게 지는 노을은
네 영혼으로 내 가슴 안에
피멍으로 토해내고

잊히지 않는 것은
약속은 하지 않았지만
그리움이겠지

가지 끝에 매달린 눈꽃 송이
얼마나 더 버틸 수 있을는지
시린 냉가슴
서릿발이 번지구나

세월아

비가 와도 눈이 와도
너는 갈 것이고
곱게 물들인 노을도
오늘이 지나면 갈 것이고

그래도 미련이 남아
눈물도 보였건만

푸석거려 설친 밤도
주마등 불 비춰가며
그리움만 떨구었는데

흔적 없이
기색 없이
결국 사라지다니

아버지

태산 같으신 뒷모습
천하를 다 가진 우리 아버지
젊어 한때 무서운 거 없었고
호랑이도 때려잡을 수 있는
호령이었다

세월 앞에 장사 없다 했는가
무심한 세월도
아버지 나이 훨씬 넘고 보니
그리운 아버지가
빈 가슴을 때릴 뿐이다

어머니의 일생

목젖 아래 울컥거리며
가슴을 움켜 친다
모질게도 험난하게 살다 가신
내 어머니

아버지의 사업 부도에
먼저 가신 남편 원망할 겨를 없이
주렁주렁 달린 자식들
먹여 살리고자

작은 여인의 삶은 피고름이셨다
그 모습 아리고도 아려

지금
가슴을 친들
땅을 친들

콩나물 장조림

어머니의 손맛을 기억하며
싱싱한 콩나물 가득
고등어 굵은 것으로
졸이고 졸이면서

간을 맞추며
어머니의 손맛을 찾아도
찾을 수 없어
오랜 시간을 벗어날 수 없었지만

솜씨 좋다는 내 입에도 짜다
간을 너무 진하게 했다

내 짠 눈물로

추어탕

처음 접했을 때
거부반응이 심했는데
징그럽기도 하고
좀 그랬다만

친구들과 어울려 가고
또 몸에 좋다고 먹어보고
가끔 먹어본다

오랜만에 친구와
오늘은 맛있게 먹었다
오늘은
몸보신용으로

소금 대란

살다 살다
이런 날이 또 있을까
왜놈들이 어쩌고저쩌고
현 정부가 동조했고

방사성 물을 방류한다고
우린 해산물과 생선을
먹고살기 힘들게
어찌
이런 세상이 올지
하늘이 통곡할 일이다

하늘 높은지 모르고
소금이 금값으로 치솟는다

잠시 쉬어 가련다

젊은 그 시절 고달픈 인생길
드러내놓고 자랑할 수 없지만
아팠던 시절은 오기로
개 같은 내 운명을 억지로 버텼다

바람 불어 따라갈 수 없을 때
잠시 쉬어가라고
하늘은 한 폭의 명품을
허리 휘어 보이는 눈 한계가 있어도
높은 곳 멀리 바라볼 희망에

북적이는 인파
구름을 쫓아간 벗을 기다리며
그래도 비어 있는 그 의자에
잠시 쉬어 볼까 한다

간장게장

나름 나만의 노하우를 살린다
누가 뭐래도 내 방식대로 하면서
맛을 유지하면서 한다

게는 싱싱하며 좋아야 하고
간장게장은 간장 맛을 좌우한다
일주일 동안 진땀을 흘린다

약재와 맛있는 과일을 첨가한
25에서 30가지를 넣고
간장을 우려내고
붓고 꺼내기를 반복하며

사 먹는 것도 맛있지만
일주일을 지나야 제맛을 드러내는
강분자 표
나만의 간장게장

경자의 갱년기

불가마 속에 있는 것처럼
몸이 뜨거워진다

뜨거운 태양 앞에 서 있는 것처럼
매운 청양고추를 먹은 것처럼

맛없는 음식을 먹은 것처럼
슬픈 영화를 본 것처럼

눈물이 나고
우울하다

세상 나 혼자 있는 것처럼
판도라 상자에 담아 두고
깊숙이 감추고 싶다

삐그덕

어느새 내 나이 훌쩍
나에게도 변화가 생겼다

비상 신호
발목이 삐그덕
손목이 삐그덕
허리가 삐그덕

자꾸자꾸 들린다
삐그덕
삐그덕

아버지의 세상

동해
수평선 줄 그어놓고
많은 꿈 꾸었을
내 아버지의 젊은 시절

만선의 꿈
깃대를 세우고
육지로 향해 지휘하시고
어린 우리들을
두 손 들어 반기셨다

그때나 지금이나
나의 아버지 보호 아래
이렇게
잘 살고 있나 봐

고구마와 동치미

엄동설한 야밤
윗목에 쪄 놓은
식어버린 고구마가

엄마의 동치미와 어우러진 맛은
어느 맛에 비유할까

요즘 아무리 맛있는 거 먹어봐도
그때의 그 맛을 찾을 수가 없다

아픈 가슴 저미듯 그리워지는
어머니의 그리운 맛

꿈 이야기

툭, - - -
끓여서 시커먼 신작로 길에 탁 나뒹굴었다
저 옆으로 다리가 엄청나게 긴 사람들이
모여 무엇을 보고 있었다
키가 큰 편백 나무 아래를 지나가듯
사람들의 긴 다리를 헤쳐 앞에 서고 보니
교통사고가 난 현장 자동차에 치여 널브러진
내 모습을 내가 보고 있었다

아버지가 반신불수가 되셔서
화장실에 모셔가는 순간
어머니는 온갖 잔소리를 하시곤 계셨다
아버지가 하시는 말씀
남자 화장실이니 너는 올 곳이 못 된다고
절대 못 오시게 했다 꿈이었다
저 꿈을 꾸고 12주 나온 교통사고 났다
아버지가 돌봐주셔서 내가 살았다고
지금까지 믿고 있다

서귀포 유람선

꽉 찬 인파
각기 다른 피부색의
어느 나라 사람들일까
오만 가지 사연을 지니고
짊어진 것일까
어디로 가고 싶은 것일까

하얀 포말 일으키며
피멍 바다 가로질러
오대양 육대주를 헤맬 것인가
숨어 있는 풍광을 찾아
전설 같은 이야기를 펼쳐주는
선장의 유머 한 멘트에
목청까지 보인 박장대소

큰 파도 일렁여도 무서운 것 없어
관광객은 평생 즐거울 거 같은
세기적인 관광객이 많은 서귀포 항구다

제주도 하늘

오만 가지 파란 물감을
뿌려놓은 듯 넓은 바다
탁 트인 하늘 아래에 숨어 있는
구름을 가슴 가득 담아 보고

벼르고 날아온 여행
작심이라 한 듯 바쁘게 다니고
지역 토종 음식 갖가지 해산물
날마다 걱정이었던 몸무게는 잊어버리고

살짝 휘날리듯 내리는 비마저 정겨운
계양구 새벽 소리 웃음소리는
제주도까지 가서 시끄러워도 좋고
오늘은
얼굴 주름 하나 더 늘어나도 좋을
제주도 하늘을 들었다 놨다

어머니를 보내드린 날

갑작스러운 동생 전화를 받고
부안 병원에 막냇동생이랑 도착했다
전주 큰 병원에서 가망 없으시니
어머니 보내실 준비하라고
둘째 동생이 모시고
부안 병원에 도착했다

지금도 꿈인지
아직도 살아 계신 거 같은 생각에
못해 드린 것만 사무치게 생각나는지
부모는 산에 묻고
자식은 가슴에 묻는다고 했던가
진짜 못살 것 같았는데
나도 금방 어머니 따라갈 거 같았는데
자식이 있고 남편이 있으니
이렇게 살면서 그리워 통곡하고 있으니
여섯 자식이면 뭐하냐고
머나먼 그 길에 하나 부모 따라가지 못했으니

오라버니 잘 가세요

주어도 받지 않아도
좋은 친정 오라버니
그 자리 든든히 계시기만 해도
좋은 정신적인 나의 든든한 지주

가시던 날 거리가 멀어 고생할
동생 생각하신 건지
긴 고속버스에 몸을 실은 날
하늘은 하얀 구름이 가득했어요

어려웠던 유년 시절
객지 생활 지쳐 고향에 간 날도
예식장에서 내 손을 잡던 날도
웃음으로 든든히 지켜주신 오라버니
만날 때까지 그곳에선 아프지 마세요
안녕히 잘 가세요

제주도를 다녀오고

효성1동 새별 소리에서
선생님 단장님 회장님 새별 소리 단원들이
계획한 제주도 여행길에 나섰다
이른 새벽 효성팀이 만나기로 한 장소
응점 씨 부군님께서 공항까지 데려다주셨다
공항에서 소풍 가는 아이들의 기쁨에 찬 얼굴이
새별 소리 단원들의 얼굴이었다

오랜만에 찾은 제주도는 내 두근거리는 가슴이
옆 사람에게 들리는 것 같아 주체할 길이 없었다
제주 도착 간단한 조식으로 배를 채우고
비가 내리는 녹차밭 동백꽃도 점령하고
정신없이 어디를 다녀도 모든 것이
거침없는 새별 소리 단원들의 웃음소리는
거대한 기마 전쟁에서 내리는 비도 소용없었다

바다에 우뚝 서 있는 외로운 할망 바위
새섬 범섬 문섬이 칠선녀가 목욕했다는 천지연 폭포
어디 가는 곳마다 사진을 찍어대고
온갖 폼과 함성에 사진은 명품 중의 명품이었다
새별 오름은 힘에 벅찬 나는 포기했었고

건강은 건강할 때 지켜야 한다는 말은 가슴에 담았다

세면교 다리에서 푸른 바다 유람선을 타고
아름다운 풍광에 일본인들의 만행에 열불나고
굽이굽이 잘도 만들고 다듬어놓은 둘레길도
예쁜 우비도 한 페이지를 장식해 놓았다
오르고 내리는 올레길도 힘들면 기다리고
내가 다녀온 것처럼 활짝 핀 얼굴에 함께했다
유채밭 누가 꽃인지 알록달록 이쁜 새별 소리

단장님 팔순 파티 주경 언니 칠순도 은숙 씨 환갑도
큰 보석 같은 재산을 한 장의 사진으로 담아본다
마지막 저녁으로 마음을 가득 채우고
13명의 새별 소리 단원들의 소풍을 마감한다

*2023.3 21~23까지 제주도 여행 후기

그림과책 시선 312

바람에 띄운 그리움

초판 1쇄 발행일 _ 2024년 11월 21일

지은이 _ 강분자
펴낸이 _ 손근호

펴낸곳 _ 도서출판 그림과책
출판등록 2003년 5월 12일 제300-2003-87호

03924 서울특별시 마포구 월드컵북로54길 17 821호
(상암동, 사보이시티디엠씨)
도서출판 그림과책
전화 (02)720-9875, 2987 _ 팩스 (02)720-4389
도서출판 그림과책 homepage _ www.sisamundan.co.kr
후원 _ 월간 시사문단(www.sisamundan.co.kr)
E-mail _ munhak@sisamundan.co.kr

ISBN 979-11-93560-20-4 (03810)

값 12,000원

이 책의 판권은 지은이와 그림과책에 있습니다.
잘못된 책은 교환해 드립니다.